Eva Danner & Beate Vogel

Für kleine Hände
Basteln mit Tüten

christophorus

Inhalt

Die Symbole zeigen, wofür sich die jeweilige Tüte am besten eignet:

Tischlicht Geschenk Dekoration

Kinderleichter Tütenspaß

Schon Kinder ab zwei Jahren haben viel Freude daran, mit verschiedenen Materialien zu experimentieren und grundlegende Techniken wie Schneiden, Kleben und Drucken kennenzulernen. Etwas ganz Besonderes möchten wir Ihnen in diesem Buch vorstellen: Aus einfachen Butterbrottüten und selbst gefalteten Packpapiertüten entstehen liebenswerte Tiere und Figuren, die als Tischlichter, Geschenke oder Dekorationen genutzt werden können:

- Die aus Butterbrottüten hergestellten Tischlichter verschönern den festlich gedeckten Tisch an Ostern, Fasching oder Weihnachten. Stellen Sie einfach ein Glas mit einem Teelicht in die Tüte. Brennende Kerzen sollten Sie jedoch niemals unbeaufsichtigt lassen.

- Die vorgestellten Tütendekorationen verschönern jedes Kinderzimmer – die Kleinen lieben ihre selbst gebastelten Modelle! Die mit Zeitungspapier gefüllten großen Figuren können alle miteinander kombiniert werden; man kann mit diesen farbenfrohen Gesellen sogar eine komplette Zirkuskulisse gestalten: Löwe, Seehund, Clown & Co.

- Die Tütengeschenke können Sie für die unterschiedlichsten Anlässe verwenden: Ob als Weihnachtsgeschenk für Oma und Opa, für einen Kindergeburtstag oder als Osterüberraschung – diese Geschenke kommen immer gut an.

Alle Kreativideen wurden bereits in der Praxis erprobt und sind auf die Bedürfnisse und Fähigkeiten von Kindern ab zwei Jahren abgestimmt. Doch auch größere Kinder werden viel Spaß an der Umsetzung der einzelnen Bastelideen haben.

Viel Spaß beim Basteln wünschen

Eva Danner

Beate Vogel

Material & Technik

Papier

Die für die Modelle verwendeten Papiere sind im Hobbyfachhandel oder im Schreibwaren-geschäft in vielen verschiedenen Farben erhältlich:

- Packpapier, auch Bucheinschlagpapier genannt, gibt es meist auf Rollen in der Größe 70 x 200 cm; es ist zweiseitig bedruckt.
- Tonpapier (130 g/qm) und Faltpapier lassen sich von den Kleinen gut zuschneiden, da sie nur eine geringe Stärke aufweisen, also dünn und leicht sind. Motive (Gesichter, Ohren etc.) aus diesen Papieren können sehr gut auf den Butterbrottüten befestigt werden.
- Tonkarton (220 g/qm) kommt zum Einsatz, wenn eine gute Stabilität wichtig ist.

Butterbrottüten aus Papier

Die in diesem Buch verwendeten Tüten sind ca. 12,5 x 22 cm groß; sie sind in jedem Super-markt kostengünstig erhältlich. Für die Bastel-modelle jeweils den auf der einen Seite höheren Rand abschneiden, damit beide Seiten der Tüte gleich lang sind.

Märchenwolle und Watte

Märchenwolle gibt es in vielen verschiedenen Farben einzeln oder farblich sortiert im Set zu kaufen. Für einige Bastelvorschläge eignet sich handelsübliche Watte hervorragend.

Bast

Bast ist in vielen verschiedenen Farben im Hobbyfachhandel erhältlich, meist als 20 m langer und lichtechter Faden. Bei den Modellen in diesem Buch wurde matter Rayonbast ver-wendet.

Augen anfertigen

Für kleinere Kinder ist es fast nicht möglich, runde Augen zu schneiden. Oft halten sie die Schere noch mit zwei Händen, was dazu führt, dass sie kleine eckige anstatt runde Formen abschneiden. Die Anfertigung von sehr kleinen Augen ist deshalb für die Kinder kaum zu bewältigen. Hier eignen sich weiße Papier-streifen gut. Die Kinder können schnell und einfach Stücke davon abschneiden. Ein schwarzer Locherpunkt dient als Pupille.

Kopf- und Körperformen

Viele Kopf- und Körperformen entstehen aus Rechtecken oder Quadraten, bei denen lediglich die Ecken abgeschnitten werden. Es macht nichts, wenn der Kopf oder der Körper dadurch eine etwas kantige Form erhält. Viel wichtiger ist es, dass die Kleinen die Form auf diese Weise beinahe selbstständig herstellen können. Man muss oft nur das Papier für sie festhalten und/oder drehen.

Kreise zuschneiden

Mithilfe von Tassen, Tellern, Klebestiftkappen oder Gläsern unterschiedlich große Kreisformen anfertigen: Einfach den ausgewählten Gegenstand auf das Papier legen, mit einem Bleistift an der Form entlangfahren und die Kreisform ausschneiden. Die Kreise müssen nicht perfekt rund geschnitten sein.

Kleben

Die Tüten aus Packpapier mit Flüssigkleber (Alleskleber) zusammenfügen. Falt- und Tonpapiermotive (Kopf, Arme, Beine, Ohren) am besten mit einem Klebestift auf den Butterbrottüten fixieren. Papierteile aus Tonkarton oder Tonpapier mit Flüssigkleber (Alleskleber) oder Heißkleber an den Packpapiertüten anbringen. Achtung: Heißkleber darf nur von einem Erwachsenen verwendet werden!

Schwammdruck

Die Butterbrottüten für die Tütenlichter können ganz einfach mit Wasserfarbe und einem Schwamm gefärbt werden: Hierfür die Farbe mit einem Pinsel befeuchten, den Schwamm in die Farbe tauchen und dann auf die Vorderseite der Tüte drücken. Auf diese Weise die ganze Seite bedrucken und die Farbe gut trocknen lassen. Die Rückseite der Tüte auf die gleiche Weise einfärben.

Tüten falten

1. Ein Stück Packpapier in der angegebenen Größe zuschneiden und mit der breiten Seite vor sich auf den Tisch legen. Die linke Seite bis zur Mitte falten.

2. Die rechte Seite etwa 1 bis 2 cm über die linke Seite falten und das Papier an der überlappenden Stelle zusammenkleben.

3. Die untere offene Seite ein Stück nach oben falten. Hinweis: Je breiter das gefaltete Stück ist, umso stabiler wird der Stand der fertigen Tüte!

4. Das nach oben gefaltete Papierstück auf beiden Seiten etwas auseinanderdrücken und die rechte und linke Seite nach innen falten, dabei die Falzlinien gut nachziehen.

5. Nun das untere Stück nach oben falten und an beiden Rändern festkleben.

6. Das obere Stück etwas über das untere Stück falten und ebenfalls festkleben.

7. Die Tüte kann nun mit weiteren Papiermotivteilen beklebt und anschließend befüllt werden (siehe Seite 9). Oder die Tüte erst befüllen und anschließend die Papiermotive anbringen. Zum Verschließen der Tüte die obere linke und rechte Ecke schräg nach innen falten.

8. Zuletzt die obere, offene Seite etwa 2 cm nach unten falten und festkleben.

Tütengrößen

Größe 1: 50 cm breit, 30 cm hoch, 8 cm unten umknicken

Größe 2: 50 cm breit, 40 cm hoch, 10 cm unten umknicken

Größe 3: 40 cm breit, 50 cm hoch, 10 cm unten umknicken

Größe 4: 40 cm breit, 40 cm hoch, 8 cm unten umknicken

Größe 5: 30 cm breit, 40 cm hoch, 4 cm unten umknicken

Tüten füllen

Wenn eine Tüte als Dekoration verwendet wird, sollte sie am besten mit zusammen-geknülltem Zeitungspapier gefüllt werden. Dadurch erhält sie ihre Form und kann stabil stehen. Wenn eine Tüte als Geschenk und zugleich als Verpackung genutzt wird, können kleine, weiche Geschenke, Naturmaterialien oder Früchten eingelegt werden. So kann die Eichhörnchentüte zum Beispiel mit Nüssen und die Weihnachtsmanntüte mit Mandarinen gefüllt werden. Die Papiermotivteile – je nach Modell – vor oder nach dem Befüllen der Tüte aufkleben.

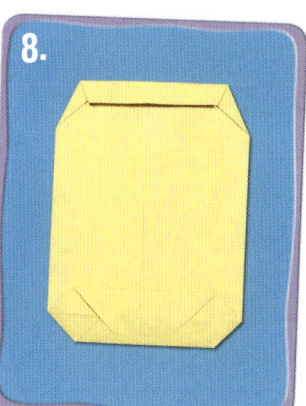

Gelbes Küken

So geht's:

1. Aus dem gelben Packpapier nach der Anleitung auf Seite 8/9 eine Tüte in der Größe 2 vorbereiten und befüllen. Die Papiere wie abgebildet zuschneiden.

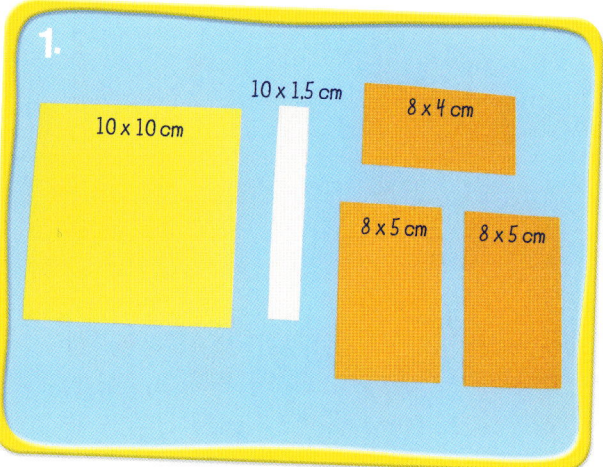

2. Die Ecken des gelben Quadrats abschneiden (Kopf). Das kleinere orange-farbene Rechteck mittig falten, zu einer Seite hin spitz zuschneiden und als Schnabel auf den Kopf kleben. Für die Augen vom weißen Streifen zwei Stücke abschneiden, zwei schwarze Locherpunkte als Pupillen ergänzen und ebenfalls anbringen. An den beiden größeren Rechtecken je zwei Ecken schräg abschneiden (Füße).

3. Den Entenkopf und die Füße mit Klebstoff an der Packpapiertüte befestigen. Die Tüte mit einem gelben Bastband verschließen.

Schäfchenlicht

So geht's:

1. Die Papiere wie abgebildet zuschneiden.

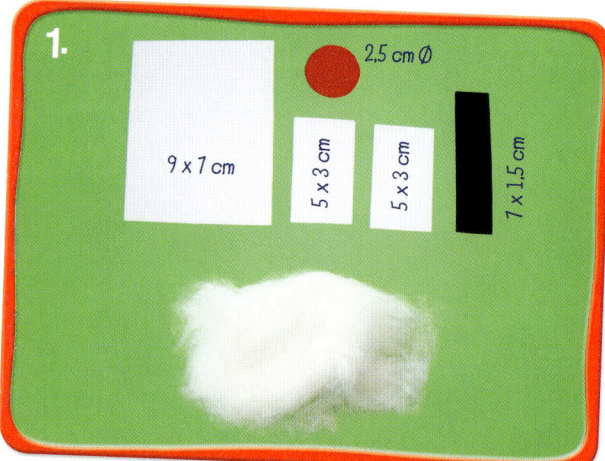

Du brauchst:
eine Butterbrottüte, weißes, rotes und schwarzes Tonpapier, Watte, Glas mit Teelicht, Klebestift, Heißkleber, Schere, Locher

2. Von dem großen weißen Rechteck (Kopf) und den kleineren weißen Rechtecken (Ohren) jeweils die beiden unteren Ecken abschneiden. Die Ohren hinter den Kopf kleben. Von dem schwarzen Streifen zwei Stücke abschneiden, mit je einem weißen Locherpunkt versehen und als Augen aufkleben. Den roten Kreis halbieren und eine Hälfte als Mund anbringen. Einen schwarzen Locherpunkt als Nase ergänzen.

3. Von der Butterbrottüte den auf der einen Seite höheren Rand abschneiden, sodass beide Seiten gleich lang sind. Die Tüte großflächig mit dem Klebestift bestreichen und Watte darauf verteilen. Den Schafskopf mit etwas Heißkleber (oder Alleskleber) anbringen. Die Tüte aufstellen und ein Teelicht hineinstellen.

3.

Brauner Hase

Du brauchst:

braunes Packpapier, weißes, rotes, hellbraunes und dunkelbraunes Tonpapier, Naturbast, Klebstoff, Schere, Locher

So geht's:

1. Aus dem braunen Packpapier eine Tüte in der Größe 3 anfertigen (Anleitung Seite 8/9). Die Papiere wie abgebildet zuschneiden.

2. Von den beiden braunen Quadraten alle Ecken abschneiden. Den Naturbast dritteln (Barthaare) und zusammen mit dem hellbraunen Quadrat (Nase) auf dem Kopfquadrat anbringen. Den roten Kreis halbieren und eine Hälfte als Mund aufkleben. Vom weißen Streifen zwei Stücke abschneiden, mit zwei hellbraunen Locherpunkte versehen und als Augen ergänzen.

3. Den Kopf mit Klebstoff auf der Tüte anbringen. Die Packpapiertüte befüllen, mit einem Bastband verschließen und der

Abbildung entsprechend so einschneiden, dass zwei Ohren entstehen. Die Ohren am oberen Ende vorsichtig zusammendrücken und etwas verdrehen.

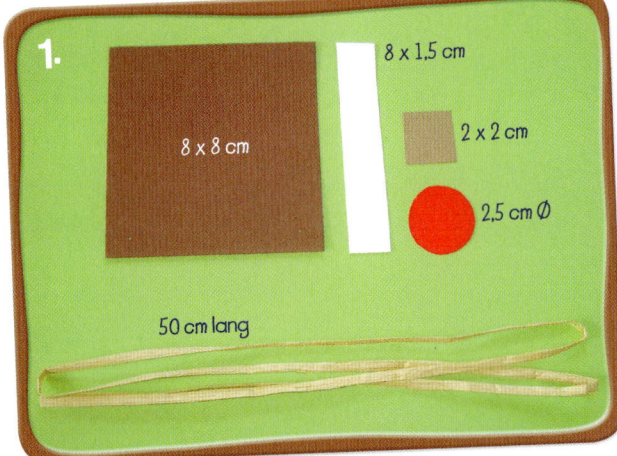

3.

Bunte Konfetti

Du brauchst:
eine Butterbrottüte, Konfetti, eine
Luftschlange, Glas mit Teelicht,
Plastikschüssel, Klebestift, Schere

So geht's:

1. Die Schüssel mit Konfetti füllen und die
Luftschlange bereitlegen.

2. Von der Butterbrottüte den auf der
einen Seite höheren Rand abschneiden,
sodass beide Seiten gleich lang sind.
Die Tüte großflächig mit dem Klebestift
bestreichen und in die Schüssel legen.
Das Konfetti aufstreuen und leicht
andrücken. Überschüssiges Konfetti
abschütteln.

3. Die Tüte aufstellen und ein Glas mit
einem Teelicht hineinstellen. Die Luftschlange locker umbinden.

3.

Lustiger Clown

So geht's:

1. Nach der der Anleitung auf Seite 8/9 aus hellgrünem Packpapier eine Tüte in der Größe 4 anfertigen, befüllen und verschließen. Die Papiere wie abgebildet zuschneiden.

2. Die lilafarbenen Rechtecke (Schuhe) sowie das große und das kleine Quadrat (Kopf und Nase) der Abbildung entsprechend zuschneiden. Für die zwei Augen von den kleineren weißen Rechtecken jeweils zwei Ecken abschneiden und mit jeweils einem 1 cm breiten hellblauen Streifenstück (Pupille) bekleben. Die Kreise halbie-

ren. Für den Mund von dem weißen Rechteck (7 x 3 cm) alle Ecken abschneiden und einen roten Halbkreis anbringen. Die zugeschnittenen Teile des Gesichts mit Klebstoff auf dem Kopf fixieren. Vom orangefarbenen Streifen ein langes Stück abschneiden und als Hutkrempe auf den blauen Halbkreis (Hut) kleben. Die beiden größeren weißen Rechtecke der Abbildung entsprechend zuschneiden und als Hände auf den grünen Streifen anbringen. Von den farbigen Streifen drei Stücke als Knöpfe zuschneiden.

3. Rote Märchenwolle mit etwas Heißkleber am Kopf des Clowns befestigen, danach den Hut aufkleben. Die Einzelteile des Clowns an der Tüte fixieren.

1.

12 cm Ø

12 x 12 cm

10 x 5 cm

10 x 5 cm

7 x 3 cm

8 x 4 cm

Je 3 x 4 cm

8 x 4 cm

Je 15 x 2 cm

Je 8 x 2 cm

2,5 x 2,5 cm

3 cm Ø

10 x 1 cm

2.

Du brauchst:
hellgrünes Packpapier,
haut- und lilafarbenen
Tonkarton, weißes, gelbes,
orangefarbenes, rotes,
hellgrünes, hellblaues und
blaues Tonpapier, rote
Märchenwolle, Klebstoff,
Heißkleber, Schere

Schmetterlinge

So geht's:

1. Von der Butterbrottüte den auf der einen Seite höheren Rand abschneiden, sodass beide Seiten gleich lang sind. Die Tüte mithilfe der Schwammdrucktechnik grün färben (Anleitung Seite 7) und die Farbe gut trocknen lassen. Die Papiere wie abgebildet zuschneiden.

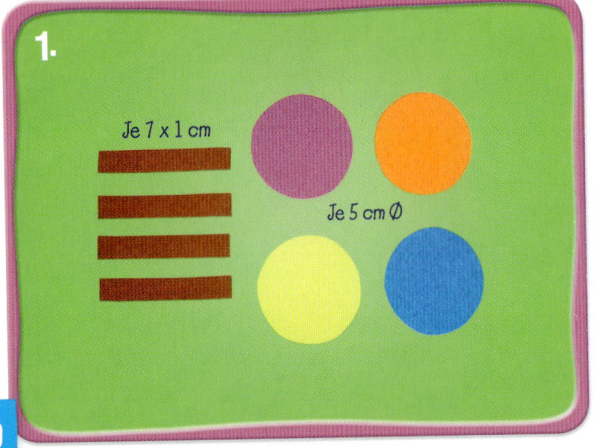

2. Von den braunen Streifen jeweils alle Ecken abschneiden. Die farbigen Kreise halbieren. Die Einzelteile der Abbildung entsprechend mit einem Klebestift zu Schmetterlingen zusammensetzen.

3. Die Schmetterlinge an der Vorder- und Rückseite der bedruckten Butter-brottüte aufkleben. Die Tüte aufstellen und ein Teelicht einsetzen.

Lieber Zauberer

So geht's:

1. Aus blauem Packpapier eine Tüte in der Größe 3 anfertigen (Anleitung Seite 8/9). Die Tüte befüllen und mit einem blauen Bastband verschließen. Die Papiere wie abgebildet zuschneiden.

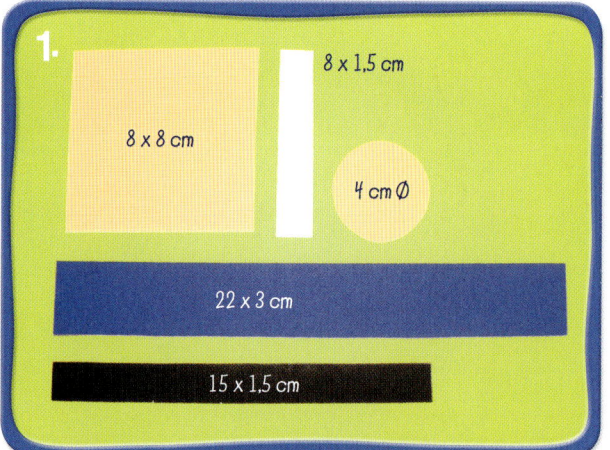

2. Die Ecken des hautfarbenen Quadrats abschneiden (Kopf). Für die Augen vom weißen Streifen zwei Stücke abschneiden und zwei schwarze Locherpunkte als Pupillen ergänzen. Die Augen sowie einen schwarzen Locherpunkt als Nase auf dem Kopf anbringen. Etwas Watte als Bart mit Klebstoff befestigen. Den blauen Streifen sowie den hautfarbenen Kreis halbieren. Die beiden Kreishälften als Hände auf die Armstreifen kleben. Für den Zauberstab ein längeres Stück vom schwarzen Tonkartonstreifen abschneiden und mit einem weißen Streifenstück (Stabspitze) bekleben.

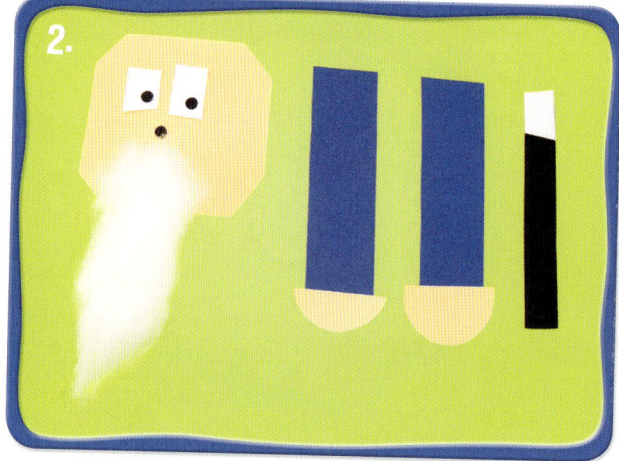

3. Den Zauberstab an eine der Hände kleben. Die Einzelteile des Zauberers der Abbildung entsprechend mit Klebstoff an der Packpapiertüte befestigen.

3.

Du brauchst:
blaues Packpapier, blauen und schwarzen Tonkarton, weißes, schwarzes und hautfarbenes Tonpapier, blauen Bast, Watte, Klebstoff, Schere, Locher

23

Frecher Affe

So geht's:

1. Aus schwarzem Packpapier eine Tüte (Größe 4) nach der Anleitung auf Seite 8/9 anfertigen, befüllen und verschließen. Die Papiere wie abgebildet zuschneiden.

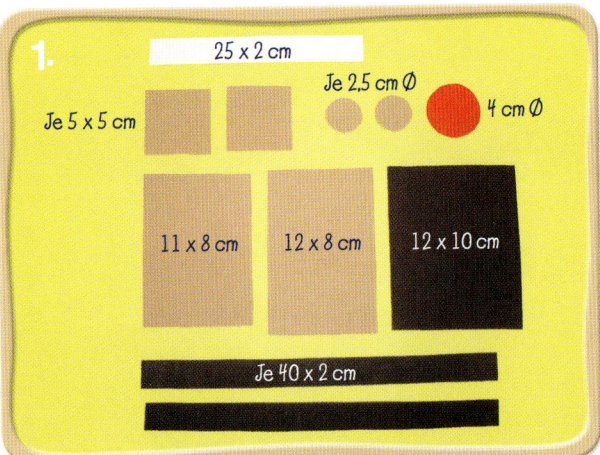

2. Von den Rechtecken alle vier Ecken abschneiden. Den roten Kreis halbieren und eine Hälfte als Mund auf das kleinere braune Rechteck (Schnauze) kleben; zwei schwarze Locherpunkte als Nasenlöcher ergänzen. Die Schnauze auf dem schwarzen Kopf anbringen. Von den beiden Qua-draten je zwei nebeneinanderliegende Ecken abschneiden und als Ohren an der Rückseite des Kopfes befestigen. Vom weißen Streifen zwei Stücke abschneiden, mit je einem schwarzen Locherpunkt versehen und als Augen aufkleben. Für die Arme und Beine die schwarzen Streifen und braunen Kreise halbieren. Jeweils eine Kreishälfte auf einem Streifen anbringen.

3. Die Einzelteile der Abbildung entsprechend mit Klebstoff befestigen (eventuell Heißkleber verwenden).

3.

Tipp Den Bauch am besten vor dem Befüllen der Tüte aufkleben.

Farbige Fische

So geht's:

1. Von der Butterbrottüte den auf der
einen Seite höheren Rand abschneiden,
sodass beide Seiten gleich lang sind. Die
Tüte mithilfe der Schwammdrucktechnik
grün färben (Anleitung Seite 7) und die
Farbe gut trocknen lassen. Die Papiere
wie abgebildet zuschneiden.

2. Die Rechtecke halbieren und jeweils ein
Dreieck als Mund ausschneiden. Die Quadrate
diagonal durchschneiden und als Flossen mit
Klebstoff an den Körpern fixieren. Vom weißen
Streifen vier Stücke abschneiden, mit je einem
schwarzen Locherpunkt versehen und als
Augen aufkleben.

3. Die Fische auf die Vorder- und Rückseite der bedruckten Butterbrottüte
kleben. Die Tüte aufstellen und ein Glas
mit Teelicht einsetzen.

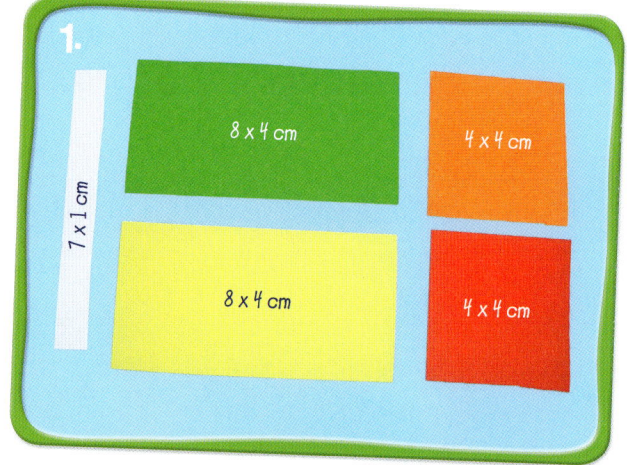

3.

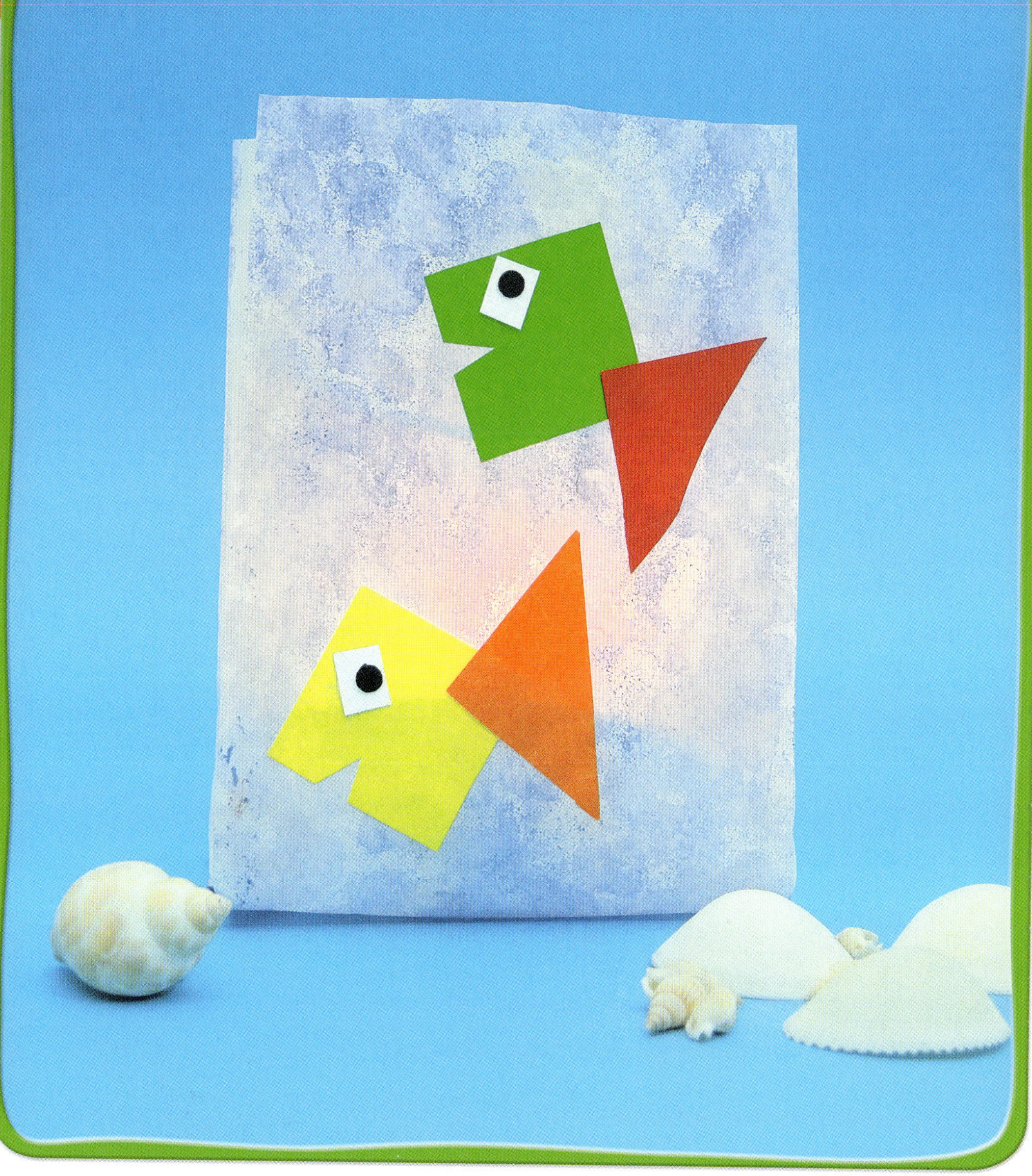

Seehund

Du brauchst:
mintgrünes Packpapier, weißes, rotes, mintgrünes und schwarzes Tonpapier, weißen Bast, Klebstoff, Schere, Locher

So geht's:

1. Nach der Anleitung auf Seite 8/9 aus mintgrünem Packpapier eine Tüte in der Größe 5 anfertigen. Die Tüte befüllen und mit einem weißen Bastband verschließen. Die Papiere wie abgebildet zuschneiden.

2. Für die Flossen den mintgrünen Kreis halbieren. Die Ecken des mintgrünen Quadrats abschneiden (Kopf). Vom weißen Streifen zwei Stücke abschneiden, mit je einem schwarzen Locherpunkt bekleben. Für die Nase vom breiteren schwarzen Streifen ein Stück abschneiden. Die schmalen schwarzen Streifen halbieren. Den roten Kreis halbieren, eine Hälfte als Mund verwenden. Die Gesichtseinzelteile auf dem Kopf mit Klebstoff anbringen.

3. Die Einzelteile des Seehunds der Abbildung entsprechend mit Klebstoff an der Tüte befestigen, dabei eine Flosse an der Unterseite anbringen; die andere Flosse ein Stück umfalten und an der Oberseite fixieren.

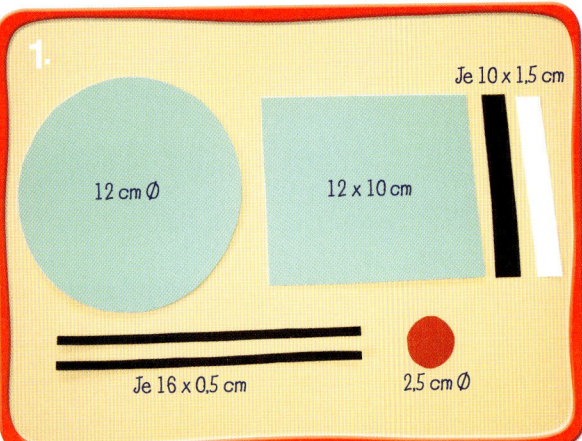

1.
12 cm Ø
12 x 10 cm
Je 10 x 1,5 cm
Je 16 x 0,5 cm
2,5 cm Ø

2.

3.

Großer Elefant

So geht's:

1. Aus blauem Packpapier eine Tüte (Größe 2) nach der Anleitung auf Seite 8/9 anfertigen, befüllen und verschließen. Die Papiere wie abgebildet zuschneiden.

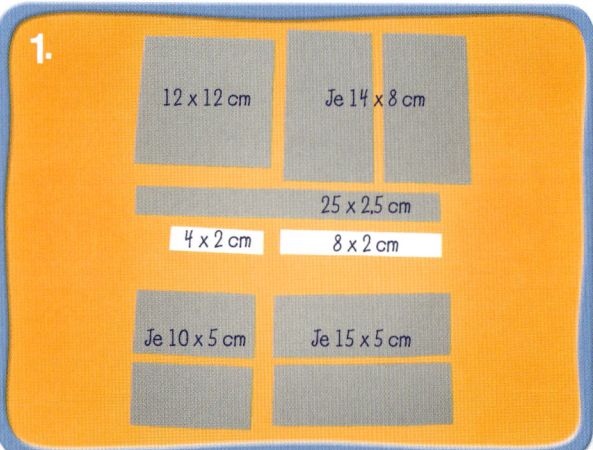

2. Von dem grauen Kopfquadrat und den beiden Rechtecken für die Ohren alle Ecken abschneiden. Die Ohren an der Rückseite des Kopfes mit Klebstoff befestigen. Vom kürzeren weißen Streifen zwei Stücke abschneiden, mit je einem schwarzen Locherpunkt versehen und als Augen aufkleben. Den längeren weißen Streifen diagonal durchschneiden (Stoßzähne). Vom grauen Streifen ein langes Stück abschneiden (Rüssel) und zusammen mit den Stoßzähnen auf den Kopf kleben. Bei den vier grauen Rechtecken (Arme und Beine) jeweils an einer Schmalseite zwei Ecken abschneiden.

3. Die Einzelteile des Elefanten mit Klebstoff an der Tüte befestigen.

3.

31

Mutiger Löwe

So geht's:

1. Aus gelbem Packpapier eine Tüte (Größe 4) nach der Anleitung auf Seite 8/9 anfertigen, befüllen und verschließen. Die Papiere wie abgebildet zuschneiden.

2. Von dem gelben und dem schwarzen Quadrat alle Ecken abschneiden. Die beiden schwarzen Streifen dritteln. Vom weißen Streifen zwei Stücke als Augen abschneiden und mit je einem schwarzen Locherpunkt (Pupille) bekleben. Den Kreis halbieren und eine Hälfte als Mund verwenden. Die Gesichtseinzelteile auf dem Kopfquadrat anbringen. Die braunen Streifen halbieren und als Mähne an der Rückseite des Kopfes befestigen.

3. Den Löwenkopf mit Klebstoff an der Tüte fixieren.

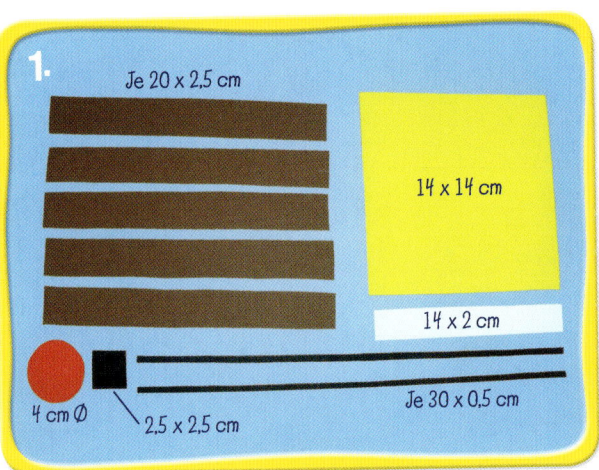

1.
Je 20 x 2,5 cm
14 x 14 cm
14 x 2 cm
Je 30 x 0,5 cm
4 cm Ø
2,5 x 2,5 cm

2.

Starker Bär

So geht's:

1. Aus braunem Packpapier eine Tüte (Größe 2) nach der Anleitung auf Seite 8/9 anfertigen, befüllen und verschließen. Die Papiere wie abgebildet zuschneiden.

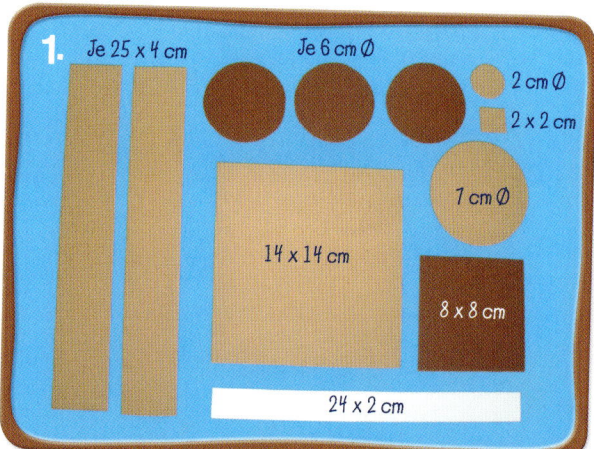

2. Alle Kreise sowie die hellbraunen Streifen halbieren. Je eine dunkelbraune Kreishälfte als Hände und Füße auf einem hellbraunen Arm- oder Beinstreifen anbringen, die anderen Kreishälften zu Ohren übereinanderkleben. Eine kleine, hellbraune Kreishälfte als Mund verwenden. Von den

Quadraten alle Ecken abschneiden, dabei an dem großen, hellbraunen und dem dunkelbraunen Quadrat zwei nebeneinanderliegende Ecken etwas mehr abschneiden, die anderen beiden Ecken etwas weniger. Für die Augen vom weißen Streifen zwei Stücke abschneiden und zwei schwarze Locherpunkte als Pupillen aufkleben. Die Einzelteile des Kopfes zusammenfügen.

3. Den Kopf, die Arme und die Beine an der Packpapiertüte mit Klebstoff anbringen (eventuell Heißkleber verwenden).

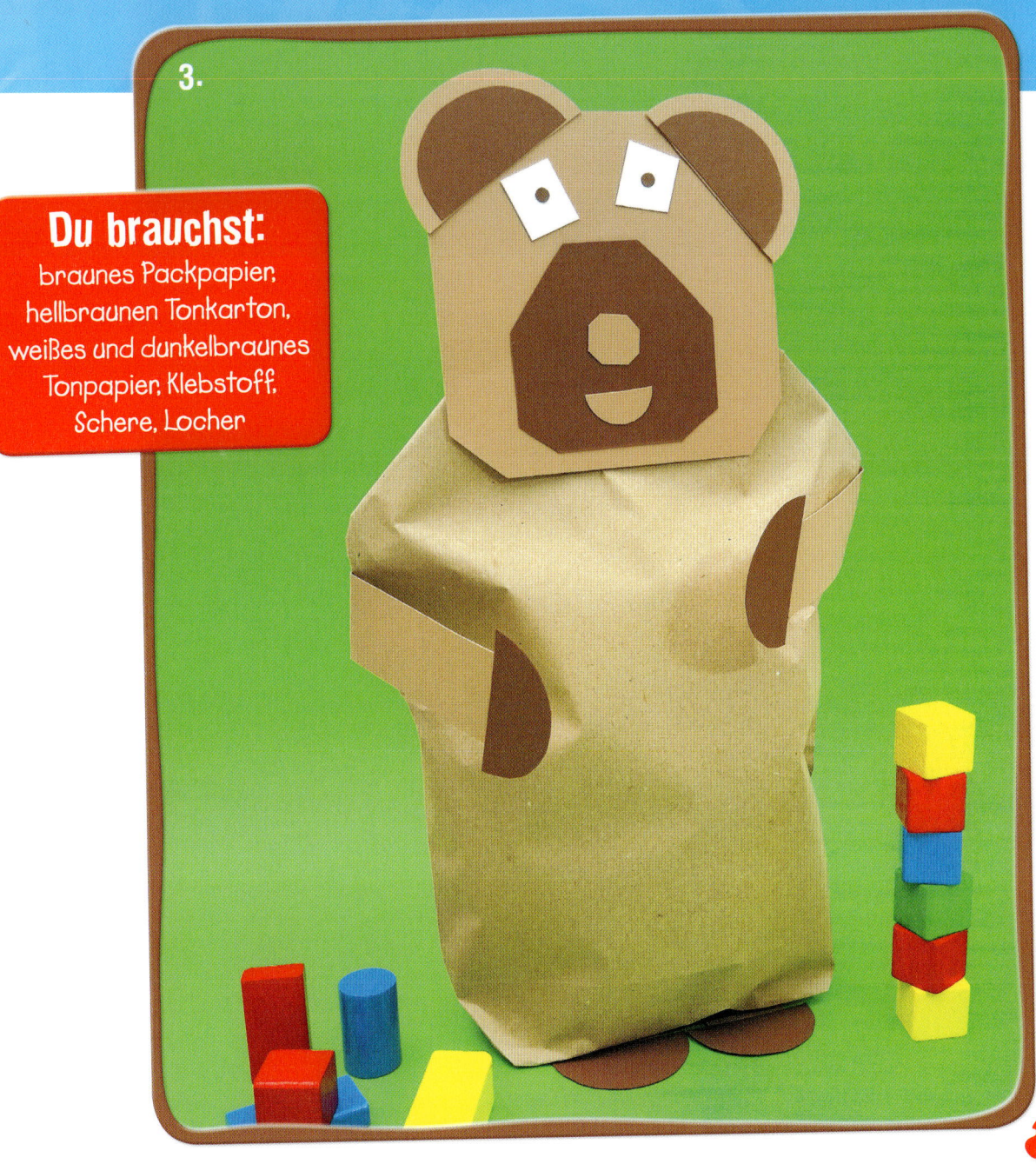

3.

Nachteule

So geht's:

1. Von der Butterbrottüte den auf der einen Seite höheren Rand abschneiden, sodass beide Seiten gleich lang sind. Die Tüte mithilfe der Schwammdrucktechnik braun färben (Anleitung Seite 7) und die Farbe gut trocknen lassen. Die Papiere wie abgebildet zuschneiden.

sprechend einschneiden und als Ohren an der Rückseite des Kopfes mit Klebstoff befestigen. Die Ecken der beiden gelben Quadraten jeweils abschneiden, mit je einem schwarzen Locherpunkt versehen und als Augen aufkleben. Das orangefarbene Rechteck diagonal durchschneiden und eine Hälfte als Schnabel anbringen.

2. Von dem größeren braunen Rechteck jeweils an einer Schmalseite zwei Ecken abschneiden. Die beiden kleineren braunen Rechtecke der Abbildung ent-

3. Den Eulenkopf auf die bedruckte Butterbrottüte kleben. Die Tüte aufstellen und ein Glas mit Teelicht einsetzen. Die beiden Federn als Flügel an den Seiten anbringen.

3.

Du brauchst:

eine Butterbrottüte, gelbes, orangefarbenes,
dunkelbraunes und schwarzes Tonpapier, zwei
Federn (ca. 15–20 cm lang), Glas mit Teelicht, braune
Wasserfarbe, Klebestift, Schwamm, Schere, Locher

Eichhörnchen

So geht's:

1. Aus braunem Packpapier eine Tüte (Größe 5) nach der Anleitung auf Seite 8/9 anfertigen, hierbei unten jedoch nicht 4 cm, sondern 6 cm umknicken. Die Tüte befüllen. Die Papiere wie abgebildet zuschneiden.

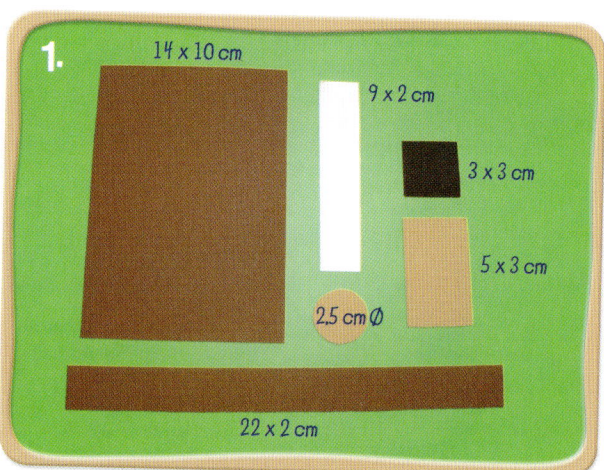

2. Die Ecken des dunkelbraunen Rechtecks (Kopf) der Abbildung entsprechend abschneiden. Die Ecken des schwarzen Quadrats abschneiden und als Nase auf den Kopf kleben. Das hellbraune Rechteck diagonal durchschneiden, die beiden Hälf-ten als Ohren an der Rückseite des Kopfes befestigen. Vom weißen Streifen zwei Stücke abschneiden, mit je einem schwarzen Locherpunkt versehen und als Augen ergänzen. Den dunkelbraunen Streifen sowie den Kreis halbieren. Die beiden Kreishälften als Hände auf den Armstreifen fixieren.

3. Die Einzelteile des Eichhörnchens mit Klebstoff an der Tüte befestigen. Die Tüte mit einem Bastband verschließen. Etwas braune Märchenwolle als Schwanz an der Rückseite ergänzen (eventuell Heißkleber verwenden).

3.

Du brauchst:
braunes Packpapier, weißes, hellbraunes, dunkelbraunes und schwarzes Tonpapier, braune Märchenwolle, Naturbast, Klebstoff, Schere, Locher

Kleiner Engel

So geht's:

1. Aus grünem Packpapier eine Tüte (Größe 2) nach der Anleitung auf Seite 8/9 anfertigen. Die Papiere wie abgebildet zuschneiden.

2. Von den gelben Rechtecken (Arme) und dem gelben Quadrat (Kleid) der Abbildung entsprechend jeweils zwei Ecken abschneiden. Von dem hautfarbenen Quadrat (Kopf) alle Ecken abschneiden. Den roten Kreis halbieren, eine Hälfte als Mund auf dem Kopf anbringen. Vom weißen Streifen zwei Stücke abschneiden und als Augen aufkleben. Zwei hellblaue Locherpunkte als Pupillen und einen roten Locherpunkt als Nase ergänzen. Die Einzelteile des Engels mit Klebstoff zusammensetzen.

3. Den Engel mit Klebstoff auf der Packpapiertüte fixieren. Etwas gelbe Märchenwolle als Haare befestigen. Nach dem Befüllen die Tüte mit einem gelben Bastband verschließen.

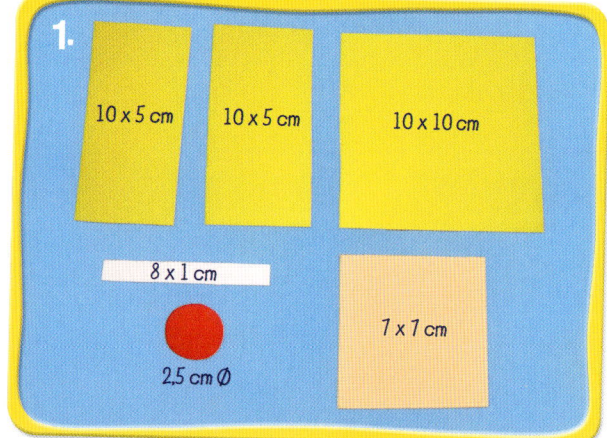

Weihnachtsmann

So geht's:

1. Aus rotem Packpapier eine Tüte (Größe 3) nach der Anleitung auf Seite 8/9 anfertigen. Die Papiere wie abgebildet zuschneiden.

2. Vom hautfarbenen Quadrat (Kopf) die Ecken abschneiden. Für die Augen vom weißen Streifen zwei Stücke abschneiden und auf den Kopf kleben. Je einen schwarzen Locherpunkt als Pupille ergänzen, einen weiteren schwarzen Locherpunkt als Nase anbringen. Etwas Watte als Bart befestigen. Für das Säckchen vom Pack-papierrechteck an einer Schmalseite zwei Ecken abschneiden, die gegenüberliegende Seite mit Naturbast abbinden.

3. Den Kopf und das Säckchen der Abbildung entsprechend auf der Packpapier-tüte anbringen. Nach dem Befüllen die Tüte mit etwas Naturbast verschließen.

Du brauchst:
rotes und braunes Packpapier, weißes, hautfarbenes und schwarzes Tonpapier, Naturbast, Watte, Klebstoff, Schere, Locher

Schneemann

So geht's:

1. Die Papiere wie abgebildet
zuschneiden.

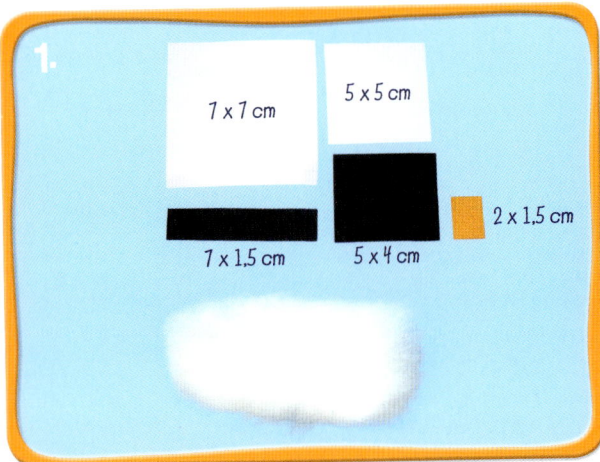

2. Alle Ecken der weißen Quadrate (Kopf
und Körper) abschneiden und aufeinan-
derkleben. Bei den schwarzen Rechtecken
(Hutteile) jeweils von einer breiten Seite zwei
Ecken abschneiden, die Teile zusammensetzen
und auf dem Kopf fixieren. Zwei schwarze
Locherpunkte als Augen und drei weitere als
Knöpfe auf Kopf und Körper ergänzen. Das
orangefarbene Rechteck diagonal durchschneiden und eine Hälfte als Nase anbringen.

3. Von der Butterbrottüte den auf der einen
Seite höheren Rand abschneiden, sodass beide
Seiten gleich lang sind. Den Schneemann auf der
Butterbrottüte fixieren. Als Schnee etwas
Watte am unteren Rand anbringen. Die Tüte
aufstellen und ein Glas mit Teelicht einsetzen.

Impressum

Fotos: Reinhard Biermann, Freiburg
Arbeitsfotos: Eva Danner, Beate Vogel
Gesamtgestaltung: GrafikwerkFreiburg
Reproduktion: Meyle + Müller GmbH & Co. KG, Pforzheim
Druck & Verarbeitung: Gruppo Editoriale Zanardi SRL, Italy

ISBN 978-3-8388-3514-3
Art-Nr. CV3514

© 2014 Christophorus Verlag GmbH & Co. KG, Freiburg

Die Autorinnen bedanken sich bei den Firmen Rayher Hobby GmbH und Heyda, Baier & Schneider GmbH & Co. KG für die Bereitstellung der Papiere.

Kreativ-Service

Sie haben Fragen zu den Büchern und Materialien? Frau Erika Noll ist für Sie da und berät Sie rund um alle Kreativthemen. Rufen Sie an! Wir interessieren uns auch für Ihre eigenen Ideen und Anregungen. Sie erreichen Frau Noll per E-Mail: **mail@kreativ-service.info** oder Tel.: **+49 (0) 5052 / 91 18 58** Montag – Donnerstag: 9 – 17 Uhr / Freitag: 9 – 13 Uhr

Besuchen Sie uns im Internet: www.christophorus-verlag.de